lina bo bardi igreja espírito santo do cerrado church
uberlândia, brasil
1976 • 1982

marcelo carvalho ferraz (org.)

textos/texts: lina bo bardi • edmar de almeida

SERVIÇO SOCIAL DO COMÉRCIO
Administração Regional no Estado de São Paulo

Presidente do Conselho Regional
Abram Szajman
Diretor Regional
Luiz Deoclecio Massaro Galina

Conselho Editorial
Carla Bertucci Barbieri
Jackson Andrade de Matos
Marta Raquel Colabone
Ricardo Gentil
Rosana Paulo da Cunha

Edições Sesc São Paulo
Gerente Iã Paulo Ribeiro
Gerente adjunto Francis Manzoni
Editorial Clívia Ramiro
Assistentes: Ana Cristina Pinho, Bruno Salerno Rodrigues,
Antonio Carlos Vilela, Cláudia da Costa Melo, Vanessa Paulino da Silva
Produção gráfica Fabio Pinotti
Assistente: Ricardo Kawazu

igreja do espírito santo do cerrado
lina bo bardi

Fui convidada pelo frei Egídio Parisi, franciscano do Cerrado do Triângulo Mineiro, para fazer uma igreja na periferia de Uberlândia (MG), entre um quartel militar e um bairro popular... Não tinha dinheiro...

A igreja foi construída por crianças, mulheres e pais de família, em pleno Cerrado, com materiais muito pobres: coisas recebidas de presente, em esmolas. Tudo foi dado. Não no sentido paternalista, mas com a astúcia de como pode se chegar a coisas com meios muito simples.

O que houve de mais importante na construção da Igreja do Espírito Santo foi a possibilidade de um trabalho conjunto entre arquiteto e mão de obra. De modo algum foi um projeto elaborado em um escritório de arquitetura e enviado simplesmente para a execução; houve um contato fecundo e permanente entre arquiteto, equipe e povo que se encarregou de realizá-lo.

A igreja está diretamente ligada ao centro comunitário e consta de uma residência para três religiosas, um salão, um galpão para reuniões e festas e um campinho de futebol.

As dimensões são as mínimas necessárias, como se pode ver nas celas das irmãs e no pequeno pátio interno.

Sem reboco nem acabamentos especiais, na realização desse projeto foram empregados materiais do próprio local: tijolos de barro e a estrutura portante de madeira (aroeiras da região).

espírito santo do cerrado church
lina bo bardi

I was invited by Friar Egídio Parisi, a Franciscan monk from the Minas Gerais "triangle" region (Brazilian savannah), to design a church on the outskirts of Uberlândia, Minas Gerais, between a military barracks and a working-class neighborhood... There was no money...

The church was built by families – children, women and men, in the middle of the *Cerrado* region, with the simplest materials, given as gifts, or as charity. Everything was donated, not in a paternalistic way, but with the intention of achieving something with very simple resources.

The most important aspect of constructing the Espírito Santo Church was the joint effort between architect and workforce. The project was not designed in an architect's office, with plans simply sent for execution, rather, there was constant and productive contact between the architect, the staff and the people who get in charge of building it.

The church is directly linked to the community center and consists of a residence for three nuns, a lounge, a space for meetings and parties, and a small soccer pitch.

The building is just big enough to ensure that minimum conditions are met, as can be observed from the size of the nun's bedrooms and the small internal courtyard.

The project required no plastering or special finishes and only used local materials: clay bricks

Uberlândia
Santo Espírito do Cerrado

A Igreja: aulas, festas, reuniões, além do culto tradicional.
Notas técnicas: estrutura de tijolos e concretos (pilares e alicerces).
Exterior: reboque de cimento e areia 3|1 com pedras 2 ou seixos rolados colocados à mão, cacos de vidro e azulejos. Pequenas aberturas (10 x 10 cm) com vidros cortados em cores diferentes.
Piso: pedra mineral local.
Cobertura: telhas tipo colonial assentadas diretamente na estrutura de aroeira, sem forro. No topo as mesmas telhas de vidro, para concentrar a luz no altar.
Alojamento das freiras: celas com pisos de tábuas corridas, o mesmo nas salas.
Serviços: cerâmica. Em volta do telhado floreira com plantas do Cerrado (conforme desenho).

Uberlândia
Santo Espírito do Cerrado

The Church: besides beyond traditional worship – lessons, parties and meetings.
Technical notes: brick and concrete structure (pillars and foundations).
Exterior: mortar 3:1 cement-sand ratio and hand-laid round pebbles, broken glass and tiles. Small openings (10 x 10 cm) with glass cut in different colors.
Floor: stone from the local area.
Roof: colonial style tiles resting directly on the American pepper wood structure, no ceiling. At the top of the roof, similar glass tiles were used in order to focus natural light onto the altar.
Nuns' accommodation: bedrooms with wooden floorboards, also used in the other rooms.
Service areas: ceramic. Around the roof are flower-beds containing native Cerrado plants (as in the plan).

Restringiu-se o emprego de concreto armado apenas às partes essenciais da estrutura. A cobertura de telha é capa e canal, e o piso, muito simples, é de cimento, com pequenos seixos rolados. Todos os materiais são aparentes e a pintura, aplicada diretamente sobre a estrutura.

Nossa experiência não é a de uma "elite folclórica", mas um teste de viabilidade, tendo em vista a possibilidade de uma produção habitacional ao alcance econômico do povo e realizada com a colaboração ativa desse mesmo povo.

and a wooden supporting structure (made from trees). Reinforced concrete was only used when absolutely necessary. The roof is covered with colonial tiles and the floor is a simple arrangement of cement encrusted with small rounded pebbles. All the materials used are exposed and paint was directly applied onto the structure of the building.

This experience was not "folkloric elitism", but rather a kind of feasibility study to see if it was possible to develop housing within the economic means of the population and built with their active collaboration.

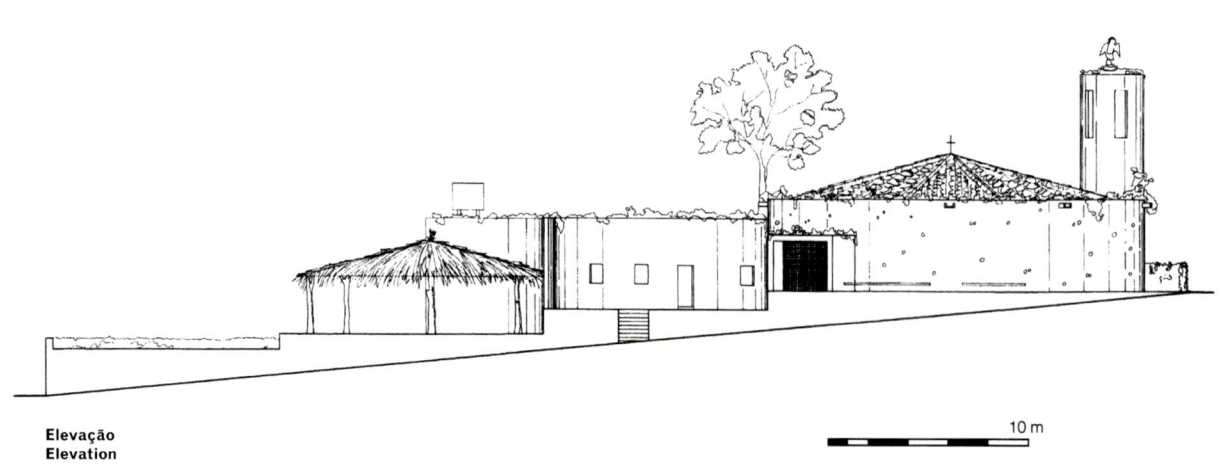

Elevação
Elevation

10 m

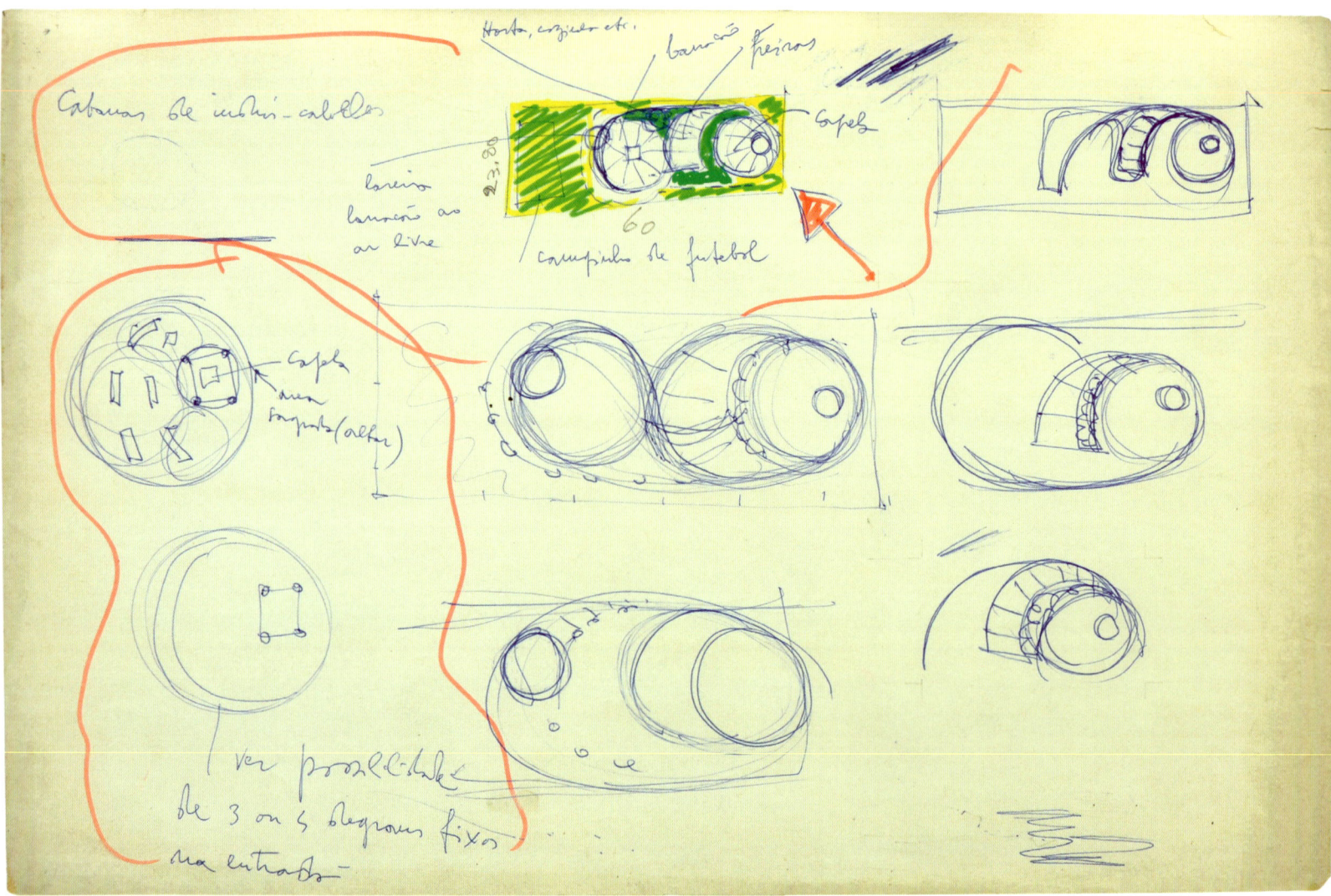

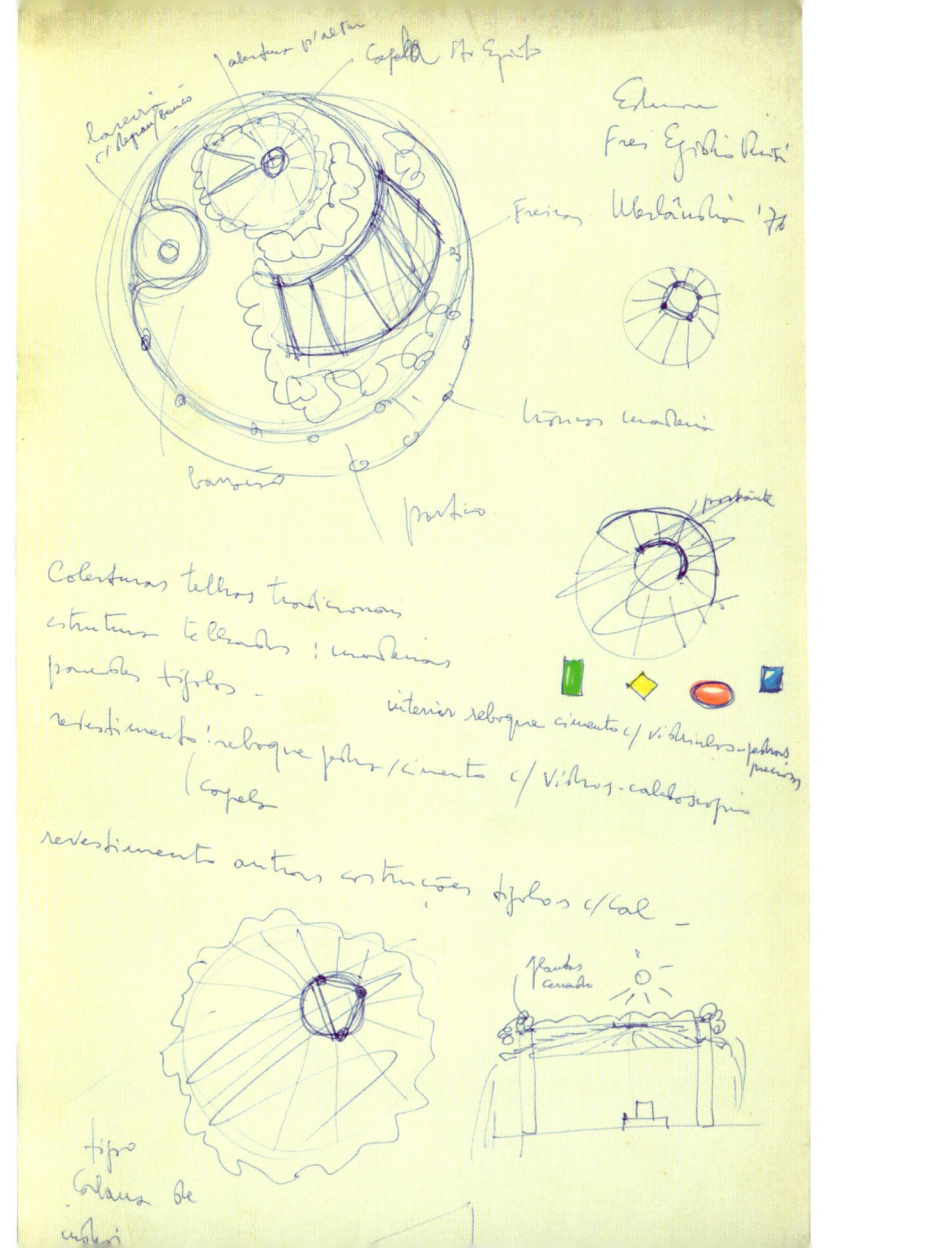

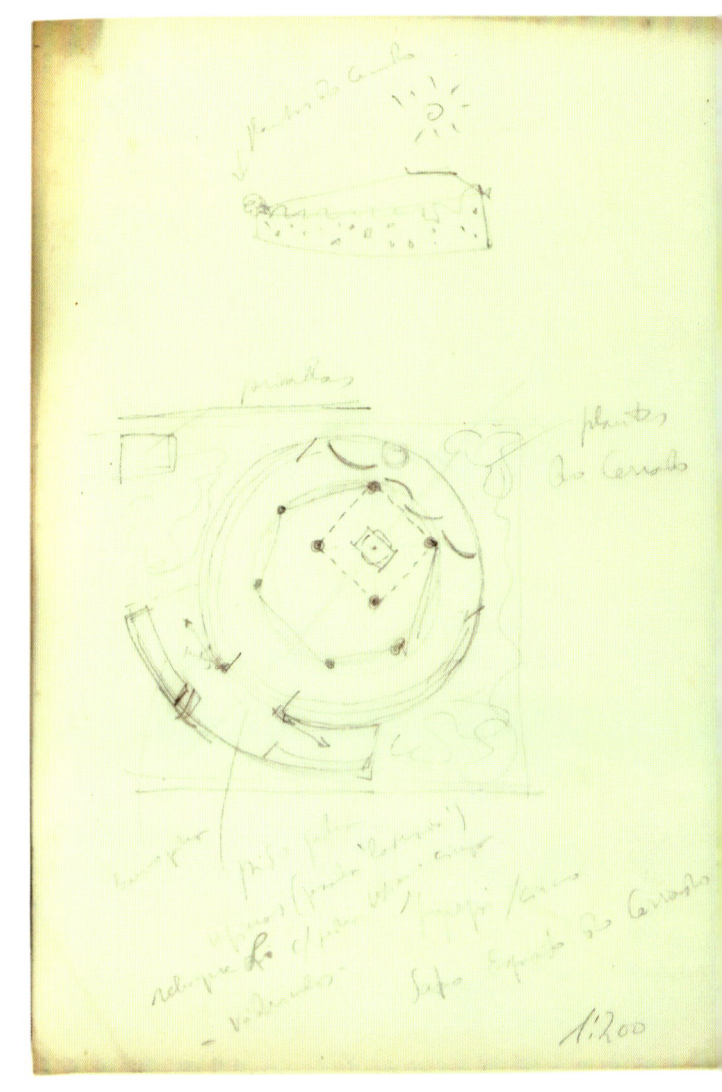

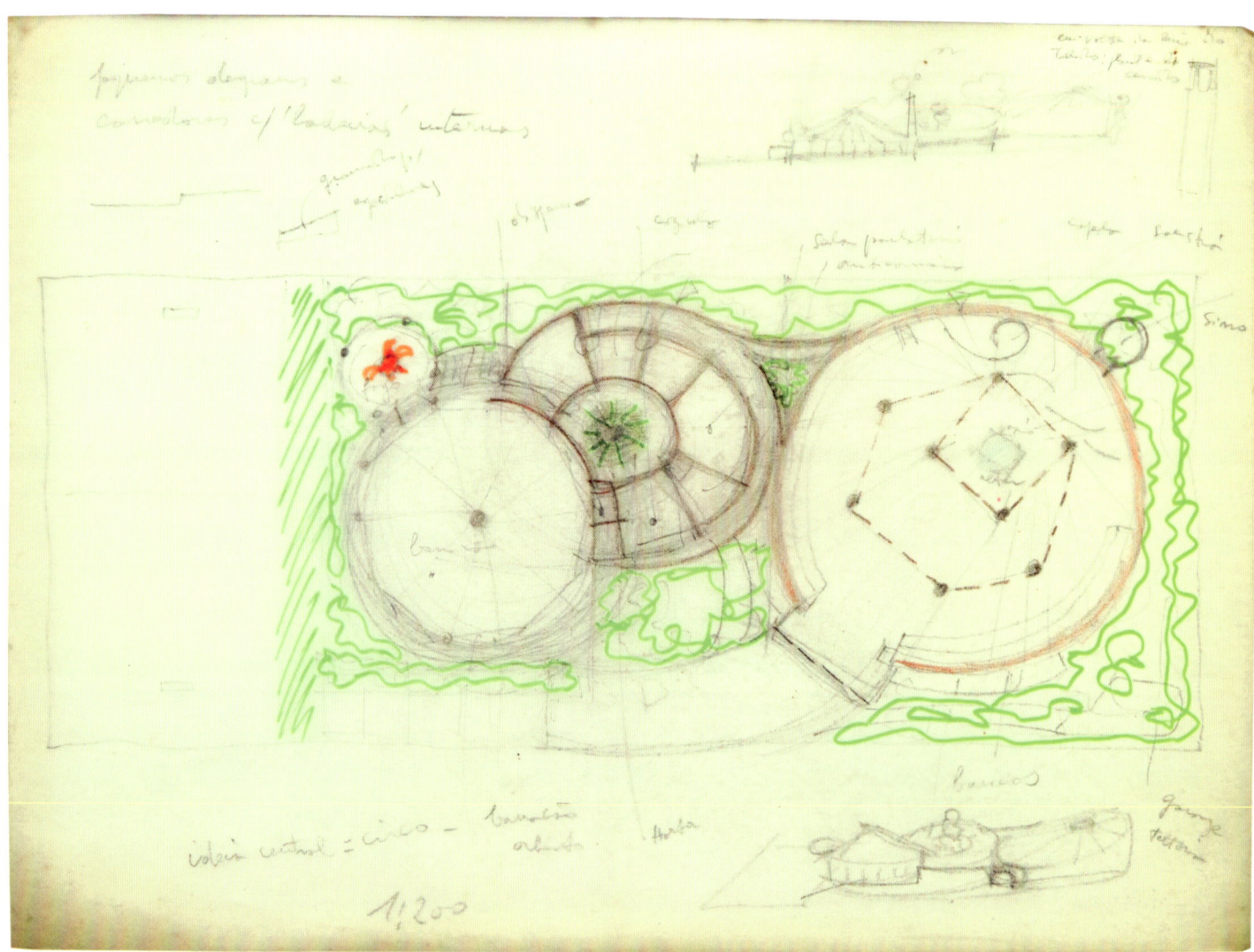

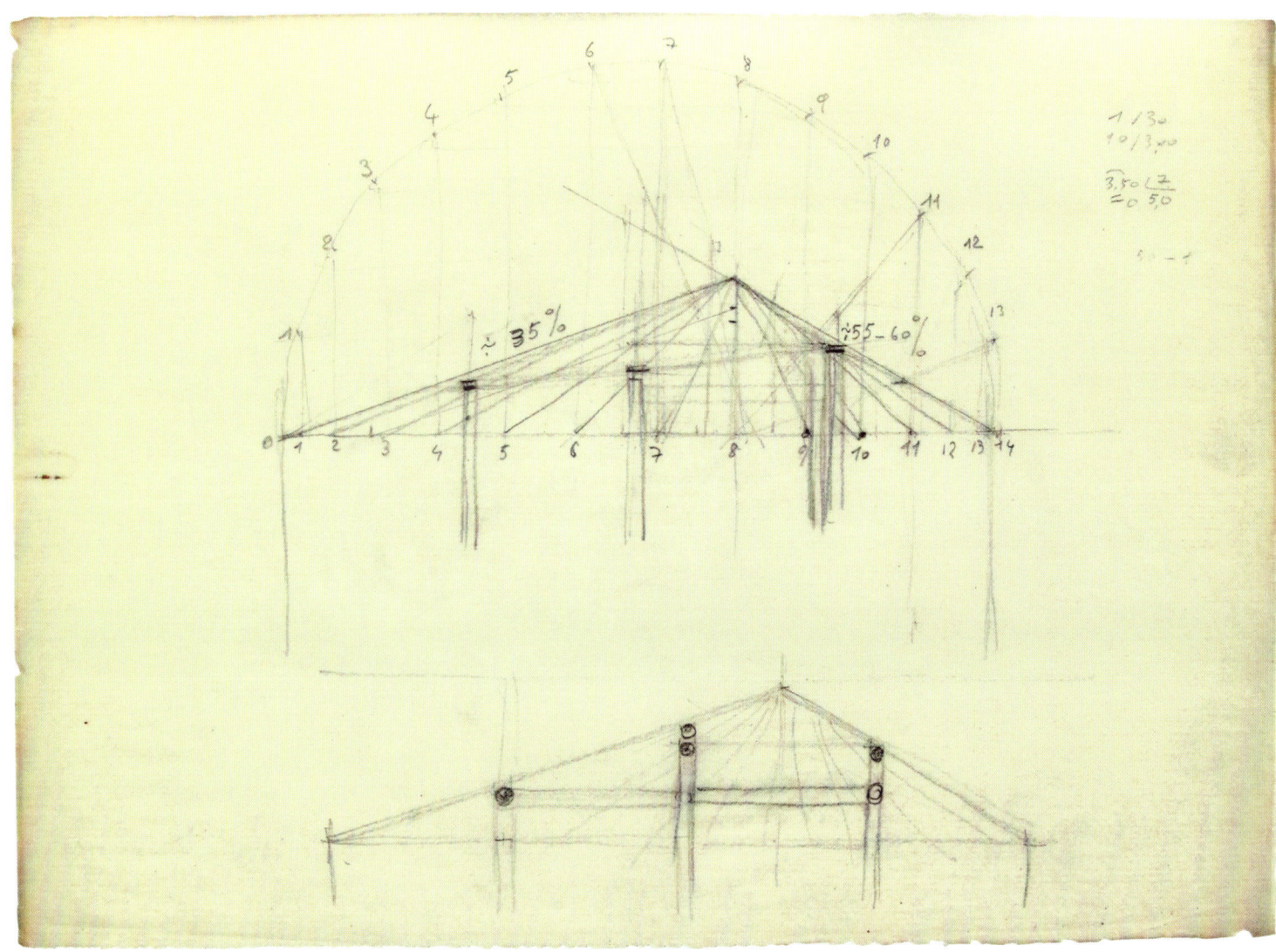

telhas de vidro
estrutura vertical
estr. primaria
estr. secundaria
Sto Espirito do Cerrado - Uberlândia
1:200
1976

estrutura Primaria
" Secundaria
" terciaria
1:200

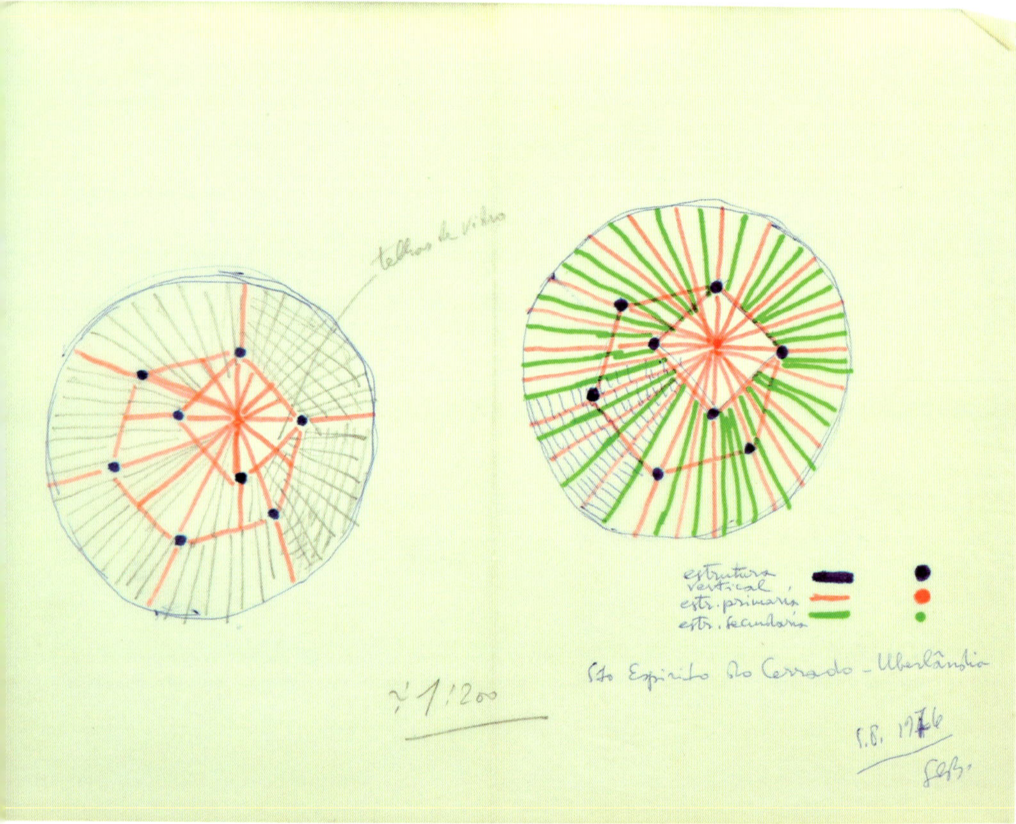

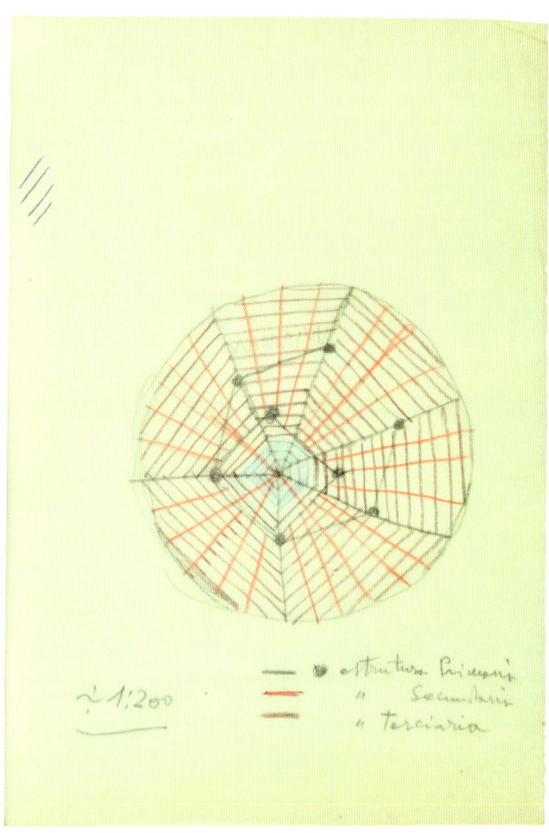

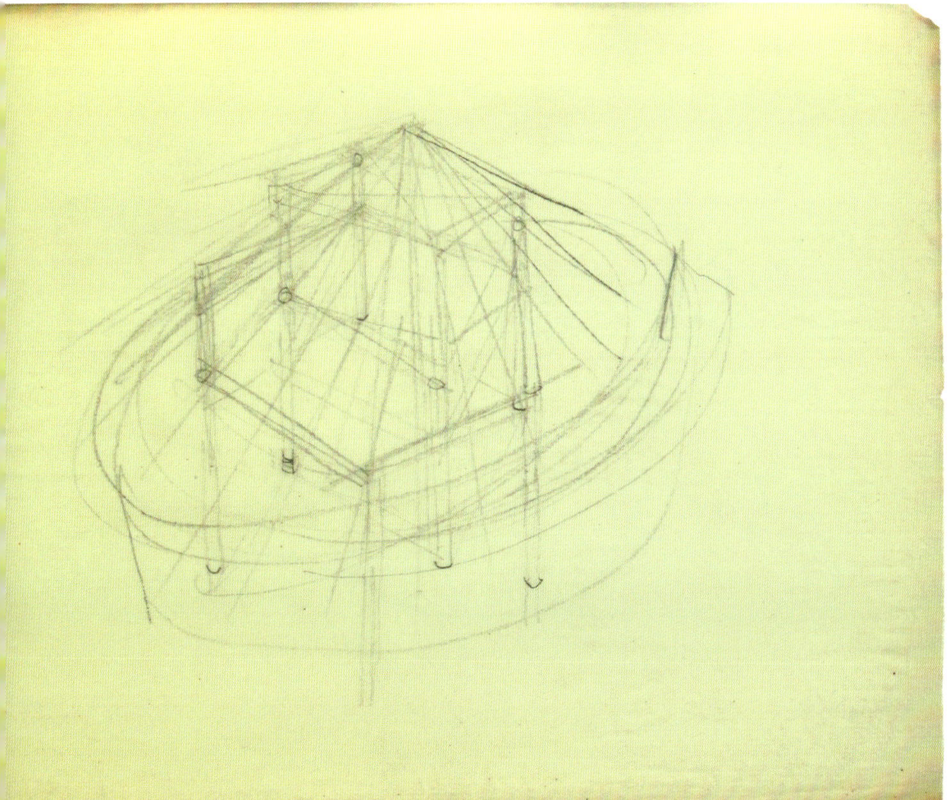

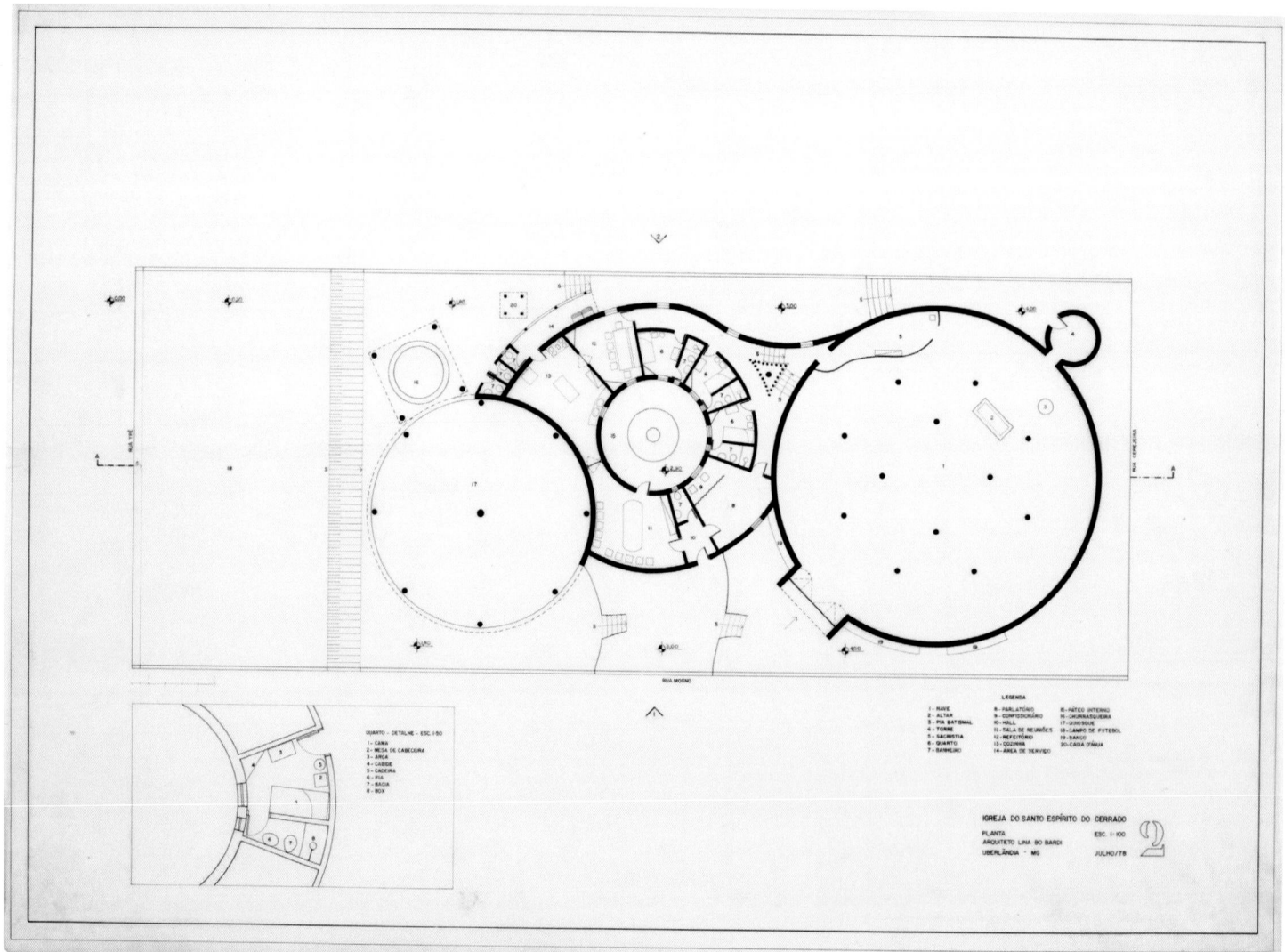

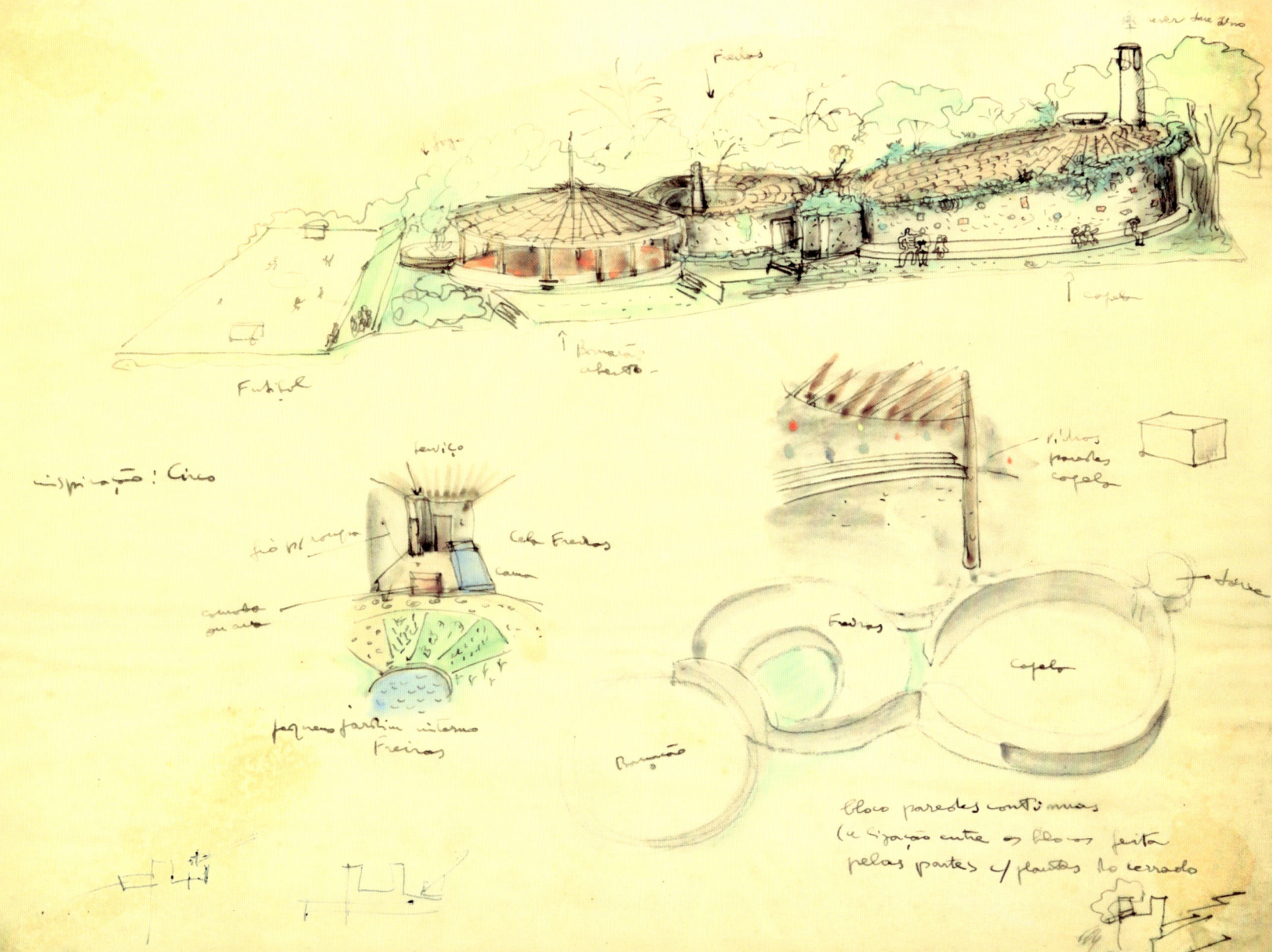

uma nova flor no cerrado
edmar josé de almeida

A Igreja do Espírito Santo do Cerrado passou a existir como projeto em 1976, quando frei Egídio Parisi[1] – O.F.M.[2] pediu ao arquiteto[3] Lina Bo Bardi, por intermédio do artista plástico Edmar de Almeida, que lhes fizesse um desenho. A ordem franciscana possuía um terreno no bairro Jaraguá, em Uberlândia (MG). Este, embora de pequenas dimensões, deveria ser totalmente aproveitado para a construção de uma igreja, uma residência para religiosas e um salão para reuniões da comunidade.

Para a realização deste projeto, seria constituído um "conselho de construção" com 46 paroquianos e suas famílias, que trabalhariam aos fins de semana em regime de mutirão. O início da obra foi viabilizado em 1977 com recursos oriundos da organização católica filantrópica alemã Adveniat, sediada na cidade de Essen.

No período de 1977 a 1982, Lina Bo Bardi veio duas vezes por ano com a sua equipe, Marcelo Carvalho Ferraz e André Vainer, para trabalhar neste projeto diretamente no local, escolhendo os materiais, fazendo os desenhos, maquetes e detalhamentos.

No processo de elaboração do projeto, a comunidade e o seu "conselho construtivo" foram ouvidos em reuniões e encontros nos quais dona Lina e sua equipe explicavam todos os detalhes. A comunidade tinha voz e opinava a respeito da construção, desde o piso ao telhado. Essas reuniões eram muito ativas e animadas, pois grande parte do conselho era constituída por pedreiros, marceneiros e carapinas.

a new flower in the *cerrado*
edmar josé de almeida

The project for the Espírito Santo do Cerrado Church began in 1976, when the Franciscan Friar Egídio Parisi[1] asked Lina Bo Bardi, through the artist Edmar de Almeida, to produce a design. The Franciscan order had a plot of land in the Jaraguá neighborhood of Uberlândia, State of Minas Gerais. Although the land was small, it had been earmarked for building a chapel, a small residence for the nuns and a community meeting hall.

A "construction committee" was established, made up of 46 parishioners and their families, who would collectively work on the construction at weekends. The project was made possible in 1977 after a German organization, Adveniat, which was based in Essen, provided the funds.

Between 1977 and 1982, Lina Bo Bardi and her team, consisting of Marcelo Carvalho Ferraz and André Vainer, came to work on the project *in situ* twice a year. The team chose materials, made drawings and models, and attended to details of the project.

During the project's planning stage, the community and its construction committee were heard in meetings where Lina and her team explained the details. The community had a voice and gave their opinion on the building process, in aspects ranging from the floor to the roof. Meetings were very lively and active, as most of the committee members were bricklayers, woodworkers and carpenters. Children were also heard and made drawings showing how they would like their church to look.

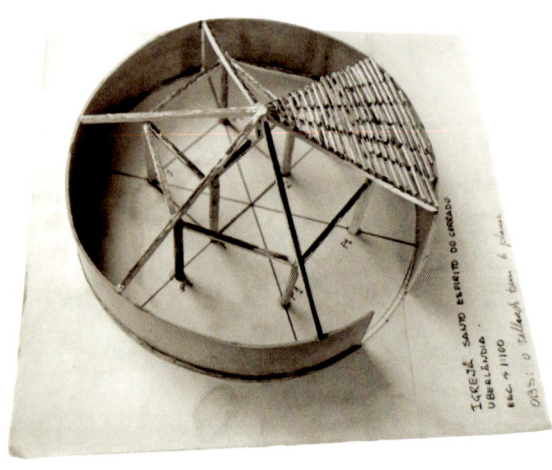

Também as crianças eram ouvidas e faziam desenhos de como gostariam de ter a sua igreja.

Após as reuniões, o arquiteto elegeu como materiais essenciais: tijolos maciços aparentes, aroeira, pedra portuguesa rosa no piso e concreto aparente no arrimo que delimitava o terreno e o acesso à nave, formando um conjunto harmonioso de formas curvas.

No terreno em declive, além da igreja haveria uma pequena casa para as religiosas habitarem, em regime de clausura, tendo três celas e um banheiro de proporções mínimas, quase como as de uma cabine de trem, com formato circular e um pátio interno. As janelas das celas ao serem abertas receberiam luz e sol vindos deste pátio interno. Espaço de silêncio e de meditação, composto por um pequeno jardim com flores e ervas aromáticas.

Desde o início, a identificação por parte dos paroquianos e o entusiasmo de querer construir foram muito importantes para erguer a igreja... As mulheres faziam milhares de panos de prato para serem vendidos e com isso recolher fundos. Também organizavam quermesses e barraquinhas com comidas típicas. Das fundações às paredes era uma festa só, tendo como animador máximo frei Fúlvio Sabia com o seu espírito alegre e empreendedor, um verdadeiro franciscano...

Em 1983, a construção foi concluída, mas seu interior ficou inacabado por falta de recursos. E por essa ocasião a Igreja do Espírito Santo do Cerrado, que pertencia à Ordem Franciscana, foi transferida ao Bispado de Uberlândia. De 1984 a 2002 ela passou a ser administrada por uma ordem secular.

After the meetings, the architect[2] chose this essential materials: bricks, exposed stone, *aroeira* wood, pink limestone as flooring and exposed concrete on the support that framed the plot and the access to the aisles, forming a harmonious structure of curves.

In addition to the church, following the slope of the land, there was a small house for the nuns who lived a cloistered existence. There were three bedrooms and a bathroom, just big enough for their purposes, as small as train cabins. It was built in a circular shape with an internal courtyard. When the bedroom windows were opened, they let in sunlight from the internal courtyard, a space for silence and meditation, containing a small garden with flowers and aromatic herbs.

Right from the beginning the relationship with the parishioners and their enthusiasm for building the church were very important. The women made thousands of kitchen towels to sell for fund-raising. They also organized fairs and set up stalls selling traditional food. It was one continuous party: from the building of the foundations to the walls. The Franciscan Fúlvio Sabia was their main entertainer: he was an enterprising and happy spirit, a real Franciscan...

In 1983, the building was concluded except for its interior finishes, due to a lack of funds. At the time, the Espírito Santo do Cerrado Church, which used to belong to the Franciscan Order, was transferred to the Diocese of Uberlândia. From 1984 to 2002 it was managed by a secular order. It was under the responsibility of three other priests until Father Márcio Antônio Gonçalves took over the parish.

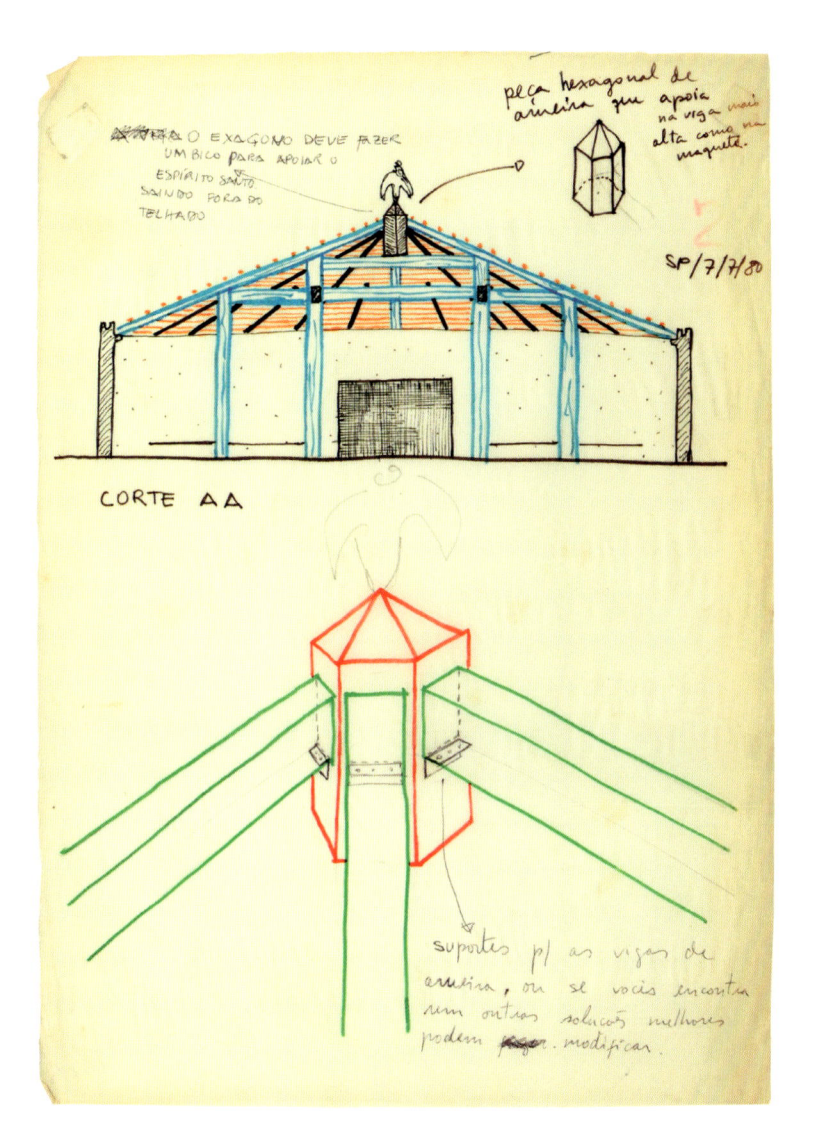

CORTE AA

O exágono deve fazer um bico para apoiar o Espírito Santo saindo fora do telhado.

peça hexagonal de arueira que apoia na viga mais alta como na maquete.

SP/ 7/7/80

suportes p/ as vigas de arueira, ou se vocês encontram outras soluções melhores podem modificar.

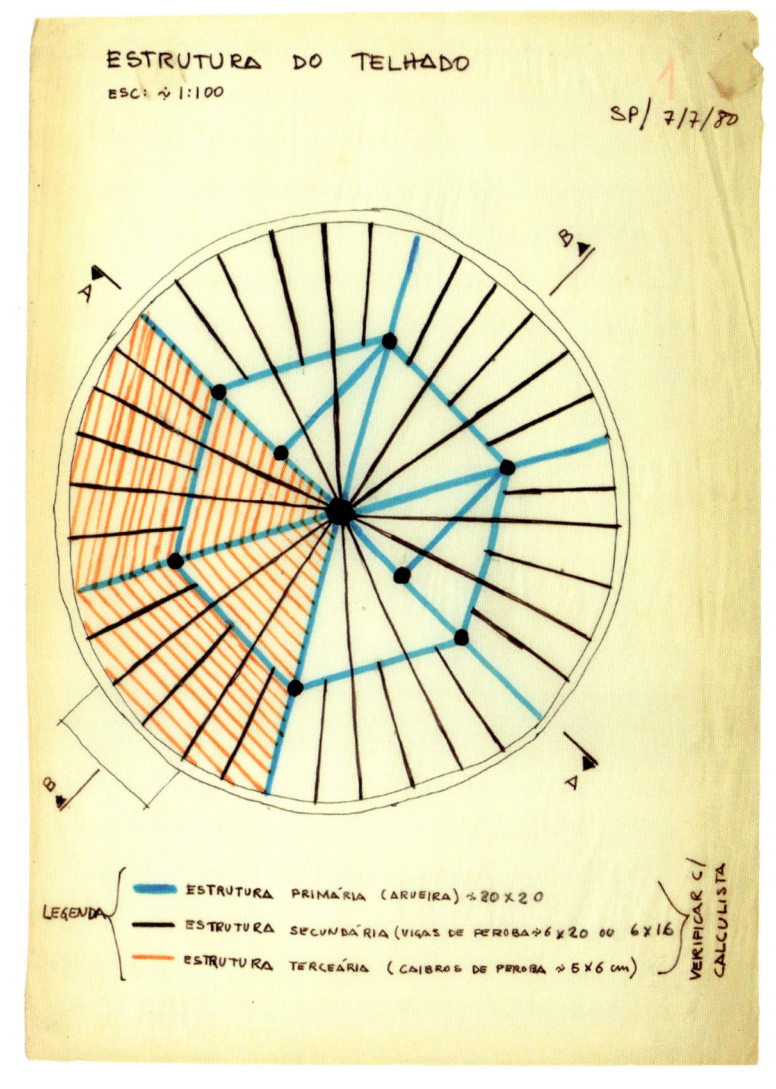

ESTRUTURA DO TELHADO
ESC: ≈ 1:100

SP/ 7/7/80

LEGENDA
- ESTRUTURA PRIMÁRIA (ARUEIRA) ≈ 20 x 20
- ESTRUTURA SECUNDÁRIA (VIGAS DE PEROBA ≈ 6 x 20 OU 6 x 16)
- ESTRUTURA TERCEÁRIA (CAIBROS DE PEROBA ≈ 5 x 6 cm)

VERIFICAR C/ CALCULISTA

Três sacerdotes sucessivos a administraram até a posse do padre Márcio Antônio Gonçalves, que desde então vem conduzindo esta paróquia.

Os arquitetos Marcelo C. Ferraz e André Vainer saíam de São Paulo a Uberlândia para solucionar eventuais problemas técnicos. Os arquitetos uberlandenses e professores da FAUeD-UFU[4] Maria Elisa Guerra, Roberto Andrade, Lu de Laurentiz, Patrícia Pimenta, Bia Capello e Ariel Lazzarin, além de alunos do curso de Arquitetura e Urbanismo, vêm também se empenhando de maneira sistemática e efetiva para que este projeto se realize em sua totalidade.

A concepção do projeto

O arquiteto Lina Bo Bardi partiu da ideia das primeiras igrejas do cristianismo, muitas delas de forma circular, onde a celebração da missa era feita com o sacerdote de frente e não de costas para a assembleia. Foi projetado um campanário separado do corpo da igreja, como também era de uso no paleocristianismo.

Observa-se na concepção do arquiteto e dos seus assistentes o retorno ao cristianismo primitivo, quando este saía da clandestinidade, podendo construir seus primeiros templos. Este espírito de volta às origens e às fontes primeiras da cristandade foi predominante após o Concílio Vaticano II (1967).

Como a igreja foi consagrada ao Espírito Santo, ela não teria no seu interior nenhum vestígio da estética "Santo Ofício". O conceito seria o Reino do Santo Espírito, etapa pós-morte e ressurreição de Nosso Senhor Jesus Cristo. Não teria as tradicionais

Marcelo Ferraz and André Vainer used to go from São Paulo to Uberlândia to solve technical problems. Similarly, the Uberlandese archietects and teachers at FAUeD-UFU[3], Maria Elisa Guerra, Roberto Andrade, Lu de Laurentiz, Patrícia Pimenta, Bia Capello, Ariel Lazzarin and their Architecture and Urban Planning students were fully committed to ensuring that this project was completed.

The conception of the project

Lina Bo Bardi based herself on the first Christian churches, many of which were circular. In these temples mass was celebrated by a priest who faced the congregation, rather than have his back turned to it. The bell tower was designed as separate from the rest of the church as was usual during the Paleo-Christian period.

From the design of the architect and her team, one can notice a return to primitive Christianity, a period in which this religion was emerging out of illegality and was allowed to build its own temples. This was the predominant spirit after the Second Vatican Council (1967), a return to the origins and the first sources of Christianity.

Given that it was a church dedicated to the Holy Spirit, it could not have any traces of the "Holy Office" aesthetics. Its basic tenet was the Reign of the Holy Spirit, the period after the death and resurrection of Our Lord Jesus Christ, preparing Christendom for the second coming[4].

This project is the result of an avant-garde religious conception, a new platform for sacred art, in which happiness and faith in salvation are the

via-crúcis, nem imagens de Cristo em gesso na cruz derramando sangue e expondo feridas. O reino do Espírito Santo é a dinâmica da alegria e da ressurreição, conduzindo a cristandade à *parousia*[5].

Nascido de uma concepção religiosa de vanguarda, este projeto é uma nova plataforma de arte sacra, na qual a alegria e a fé na salvação são chaves para a superação do sofrimento humano e da morte pela crença na eternidade. Dona Lina, frei Egídio e Edmar de Almeida discutiam como colocar este novo cristianismo de maneira simples e franciscana. Reflexões que anteviram o posicionamento da Igreja Católica com o novo papado do pontífice Francisco.

Desde 1982, o artista plástico Edmar de Almeida vem trabalhando com desenhos e estudos das obras sacras para o interior da igreja. Mas foi somente a partir de 2005, até 2013, com a participação ativa do padre Márcio Antônio Gonçalves, que a concepção teológica e artística chegou ao seu conceito definitivo.

No altar-mor da igreja, apresenta-se a cena do batismo de Cristo, em que o mistério trinitário se dá, na *hypostasis*[6] do Pai, do Filho e do Espírito Santo – esta cena é o ponto em que o mistério da Salvação de Nosso Senhor Jesus Cristo chega ao seu cume. Na parede da entrada da igreja, a cena da Anunciação do arcanjo São Gabriel à Virgem Maria através do Espírito Santo – a encarnação do Verbo Divino. Nas paredes circulares, que abraçam o interior da igreja, expõe-se o canto gregoriano *Veni Creator Spiritus*, que desde o século XIII comemora a liturgia de Pentecostes. A Igreja do Espírito Santo é uma nova plataforma de arte sacra do pensamento franciscano, uma nova flor no Cerrado.

keys for overcoming human suffering and death by believing in eternity. Lina Bo Bardi, Friar Egídio and Edmar de Almeida had many discussions on how to represent this new type of Christianity in a simple and Franciscan manner. These reflections foresaw the positioning Catholic Church would have with the later papacy of Francis.

Since 1982, the artist Edmar de Almeida has been working on drawings and studies of sacred art for the church interior. However, it was only from 2005 to 2013 that, together with Father Márcio Antônio Gonçalves, the theological and artistic conception gained its definitive form.

In the high altar of the church the scene of the Baptism of Christ is found, where the mystery of the Trinity occurs after the hypostasis[5] of the Father, the Son and the Holy Ghost. This is the highest point in Christianity when the mystery of the Salvation of Our Lord Jesus Christ reaches its apex. On the entrance wall the scene of the Annunciation is represented, when Angel Gabriel appears to the Virgin Mary through the Holy Spirit – the incarnation of the Divine Word. On the circular walls which surround the inside of the church, the Gregorian chant, *Veni Creator Spiritus*, which has commemorated the Pentecostal Liturgy since the 13th century, is displayed. The Espírito Santo Church is a new sacred art platform reflecting Franciscan thinking, a new flower in the Cerrado.

The conception works was finally concluded thanks to the support of the Uberlândia Diocese's Bishop, Dom Paulo Francisco Machado, Father Márcio Antônio Gonçalves and the entire community,

A concepção das obras foi finalizada graças ao apoio do bispo diocesano de Uberlândia dom Paulo Francisco Machado, do padre Márcio Antônio Gonçalves e de toda a comunidade, que se empenham em concretizar o acabamento do interior da igreja, a cargo de Edmar José de Almeida.

Temos a certeza de que esta igreja, depois de concluída, será a realização e a plenitude de uma totalidade[7].

[1] Frei Egídio Parisi nasceu em Montesano, Itália, no dia 5 de fevereiro de 1909 e faleceu em Polla, Itália, no dia 12 de janeiro de 1981. Viveu por 27 anos (1953-1980) praticando um expressivo sacerdócio no Triângulo Mineiro, especialmente em Uberlândia.
[2] A Ordem dos Frades Menores, também conhecida por Ordem Franciscana, fundada por São Francisco de Assis.
[3] Dona Lina Bo Bardi exigia sempre o tratamento de arquiteto no masculino.
[4] Faculdade de Arquitetura e Urbanismo e Design da Universidade Federal de Uberlândia.
[5] Parousia, palavra grega. Segunda vinda de Cristo à Terra. A dinâmica do Espírito Santo unindo o princípio e o fim da história, o **A** e o **Ω**.
[6] Hypostasis, palavra grega. Conceito teológico do mistério da Santíssima Trindade.
[7] Como em Vollendung, palavra alemã que designa o conceito filosófico de completitude.

who are committed to see the church's interior finished under the care of Edmar José de Almeida.

We are sure that this church will be fulfilment and plenitude in full[6].

[1] The Franciscan friar Egídio Parisi was born in Montesano, Italy on February 5th, 1909 and died in Polla, Italy on January 12th, 1981. He lived for 27 years (1953-1980) preaching lively sermons in the Minas Gerais Triangle, particularly Uberlândia, doing good works.
[2] Lina Bo Bardi always demanded to be called "o arquiteto", the masculine form of architect in Portuguese.
[3] Faculty of Architecture and Urban Planning and Design, part of Uberlândia Federal University.
[4] The dynamic of the Holy Spirit uniting the beginning and the end of history, **A** and **Ω**.
[5] Hypostasis is a Greek word meaning the theological concept of the mystery of the Holy Trinity.
[6] From the German word Vollendung, a philosophical concept of completeness.

Sacrário
pedra
Cristal

Uberlândia
6/10/80
S.P.

32

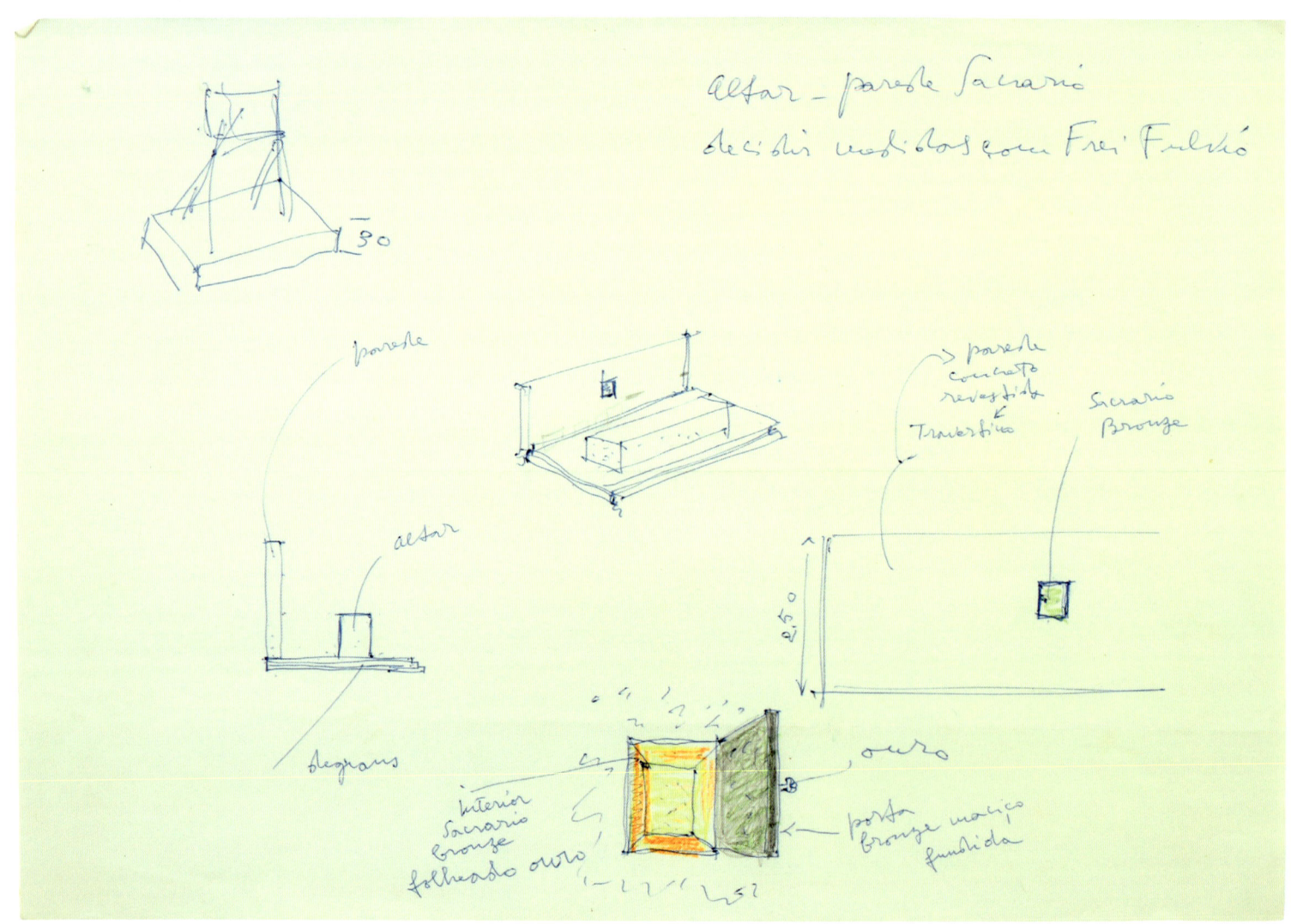

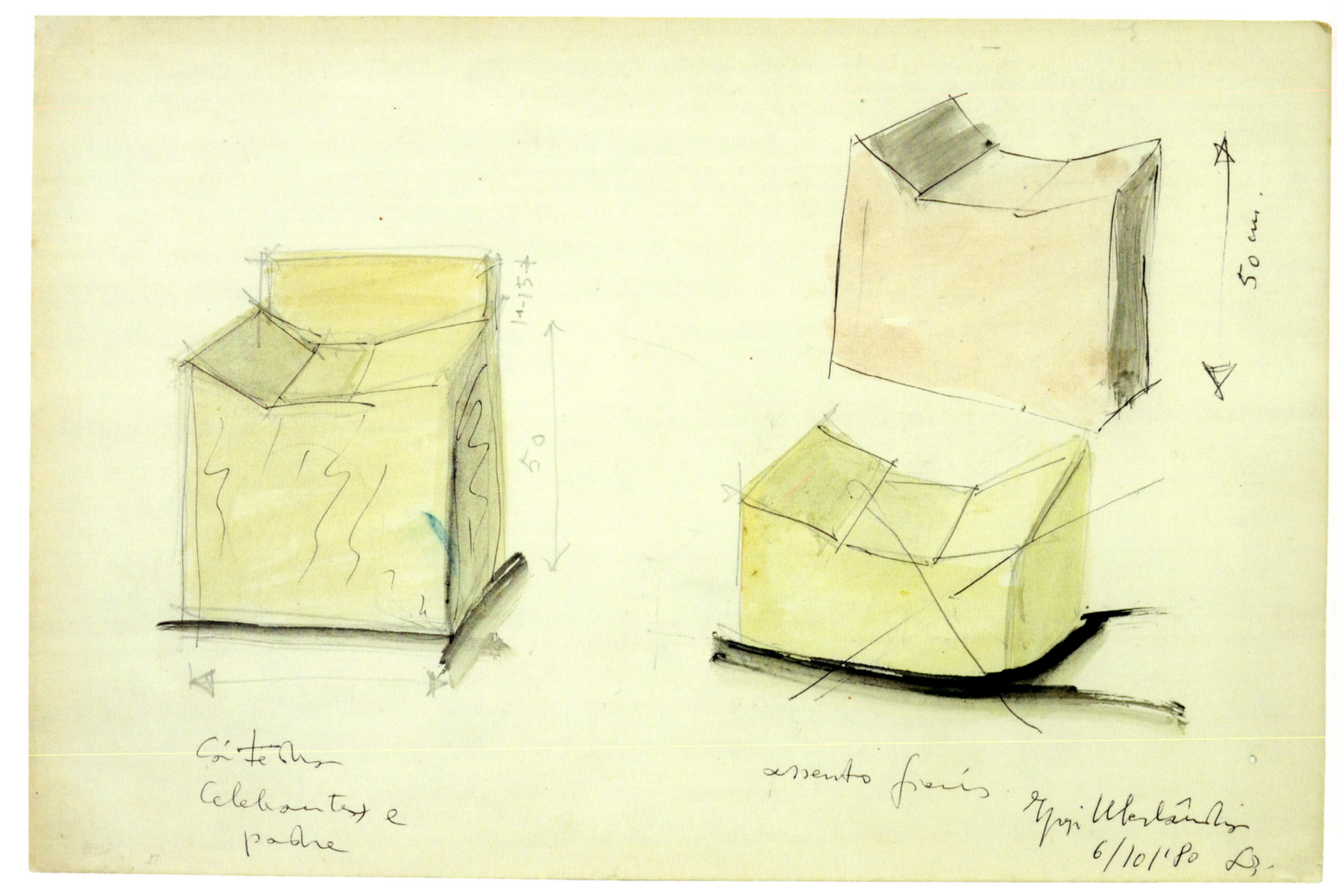

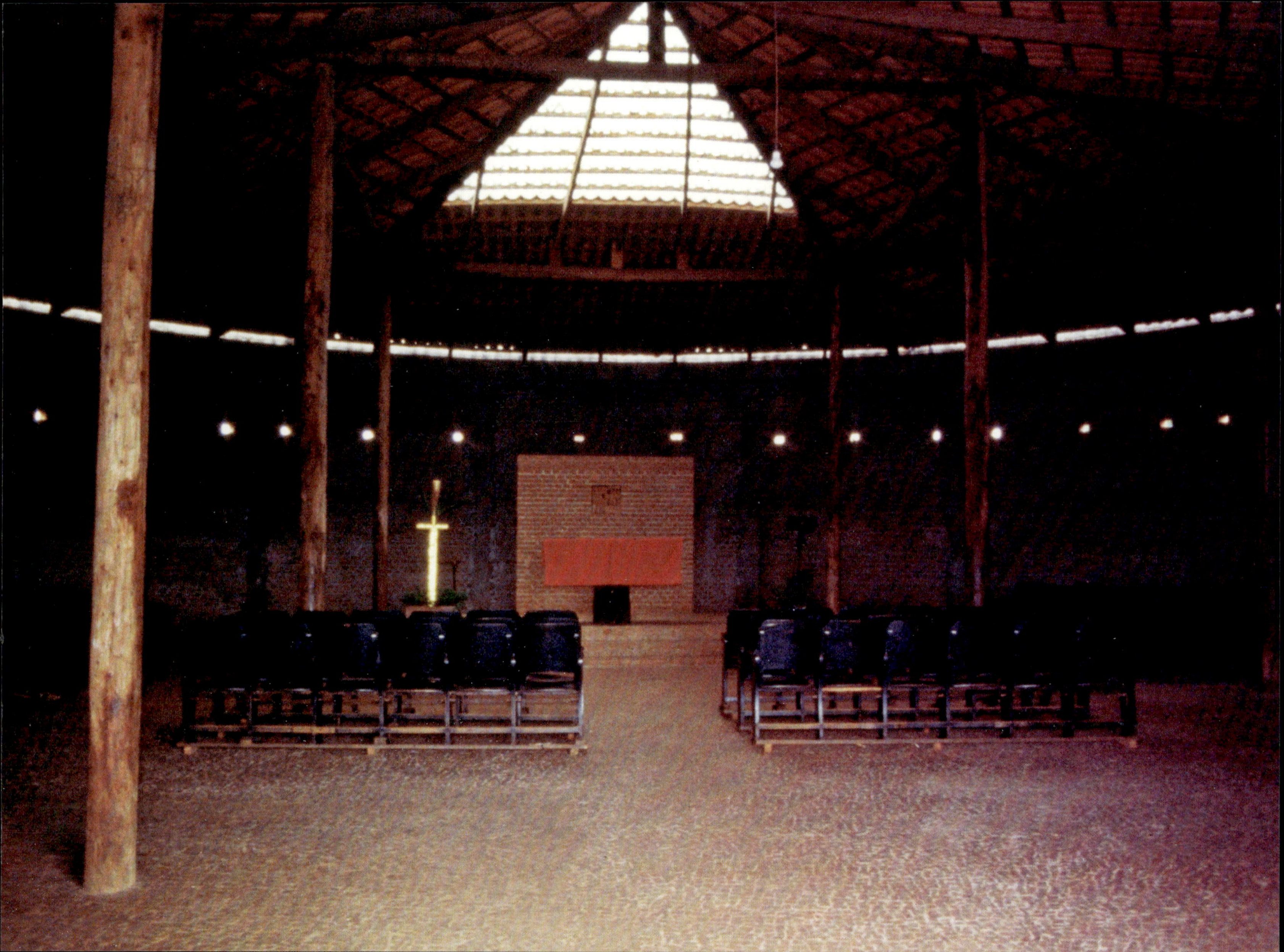

Celas Freiras

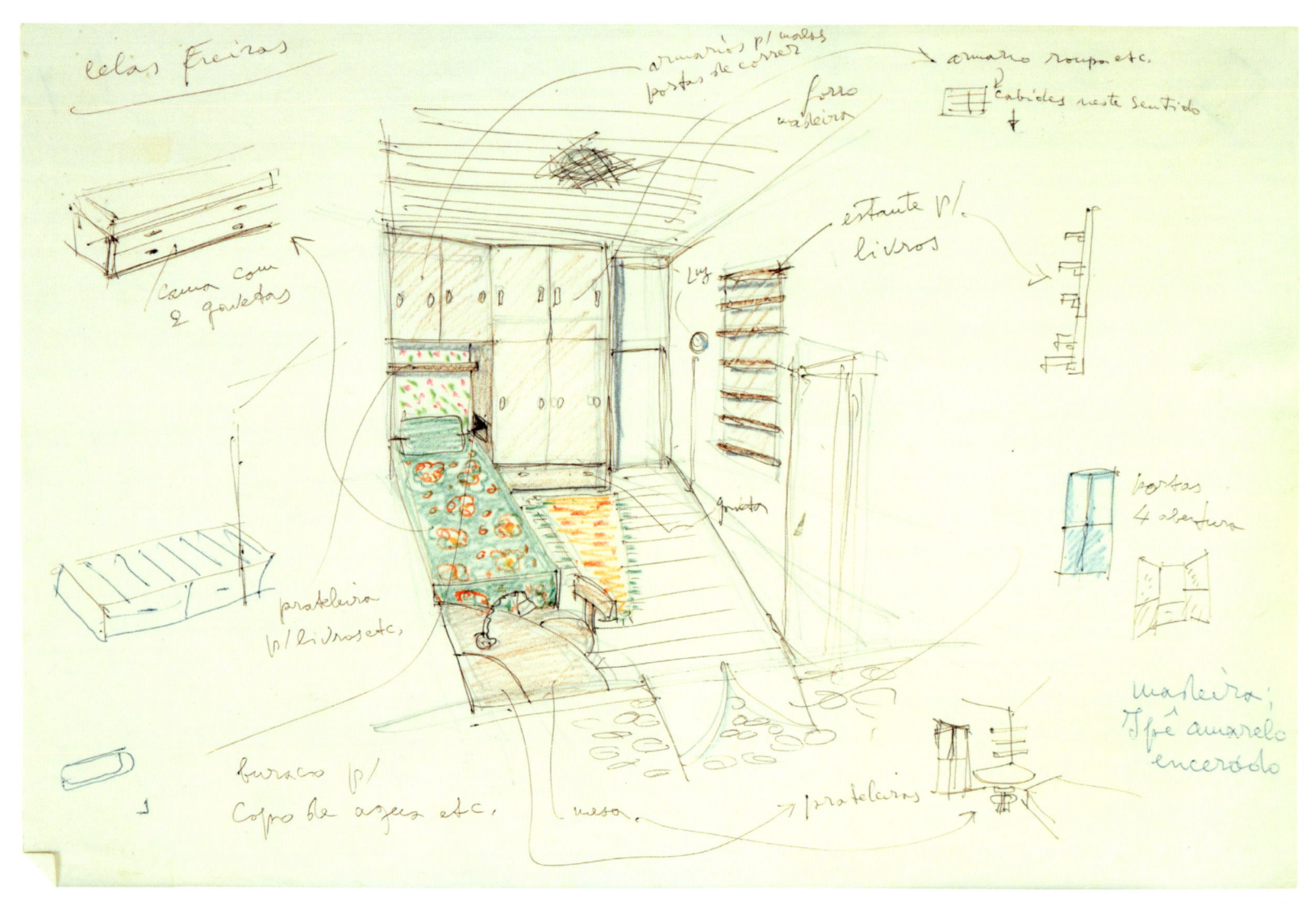

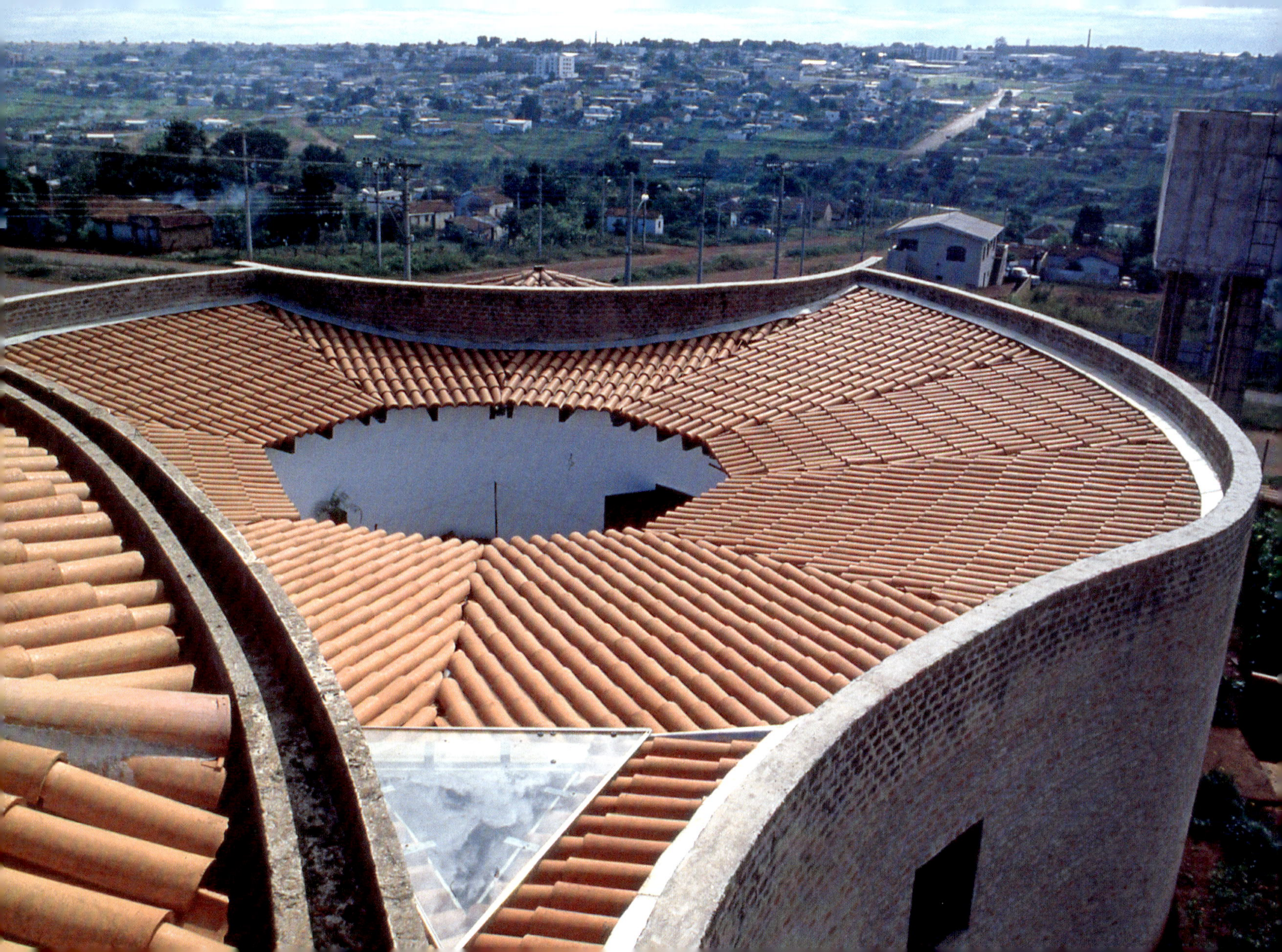

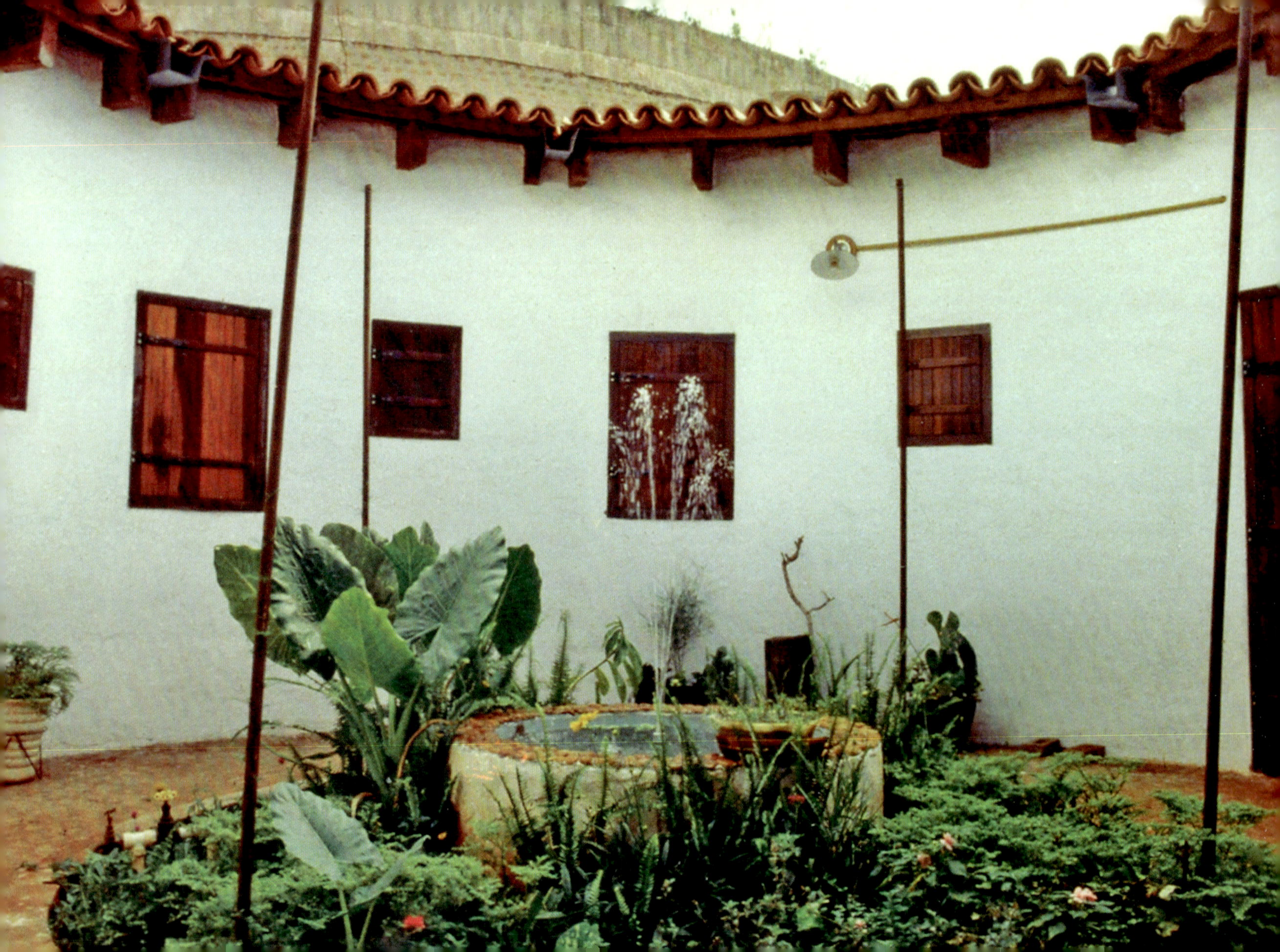

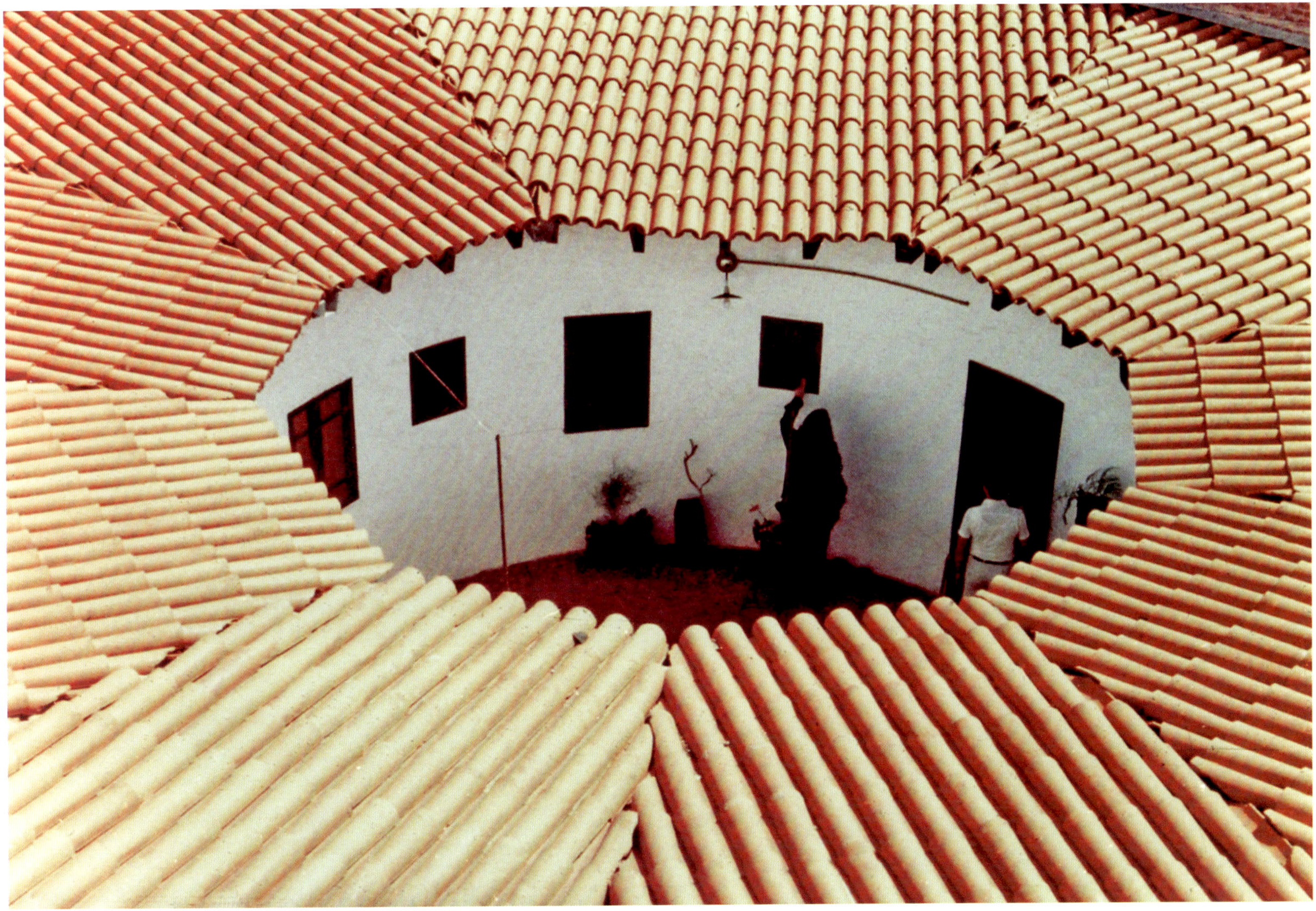

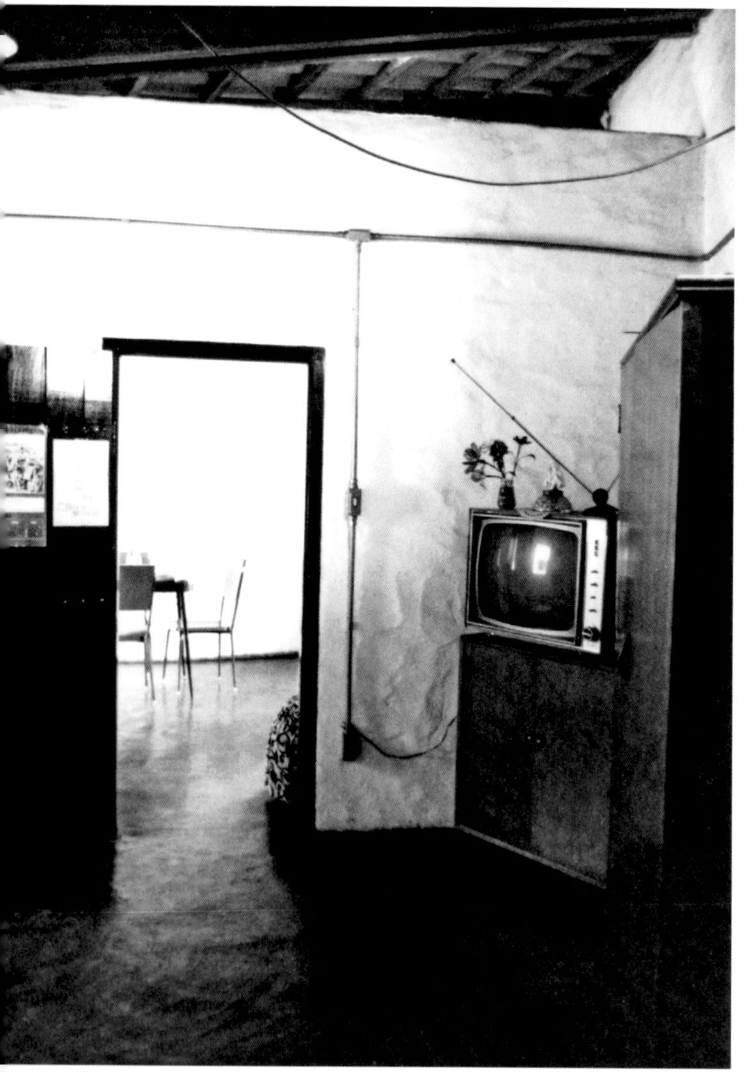

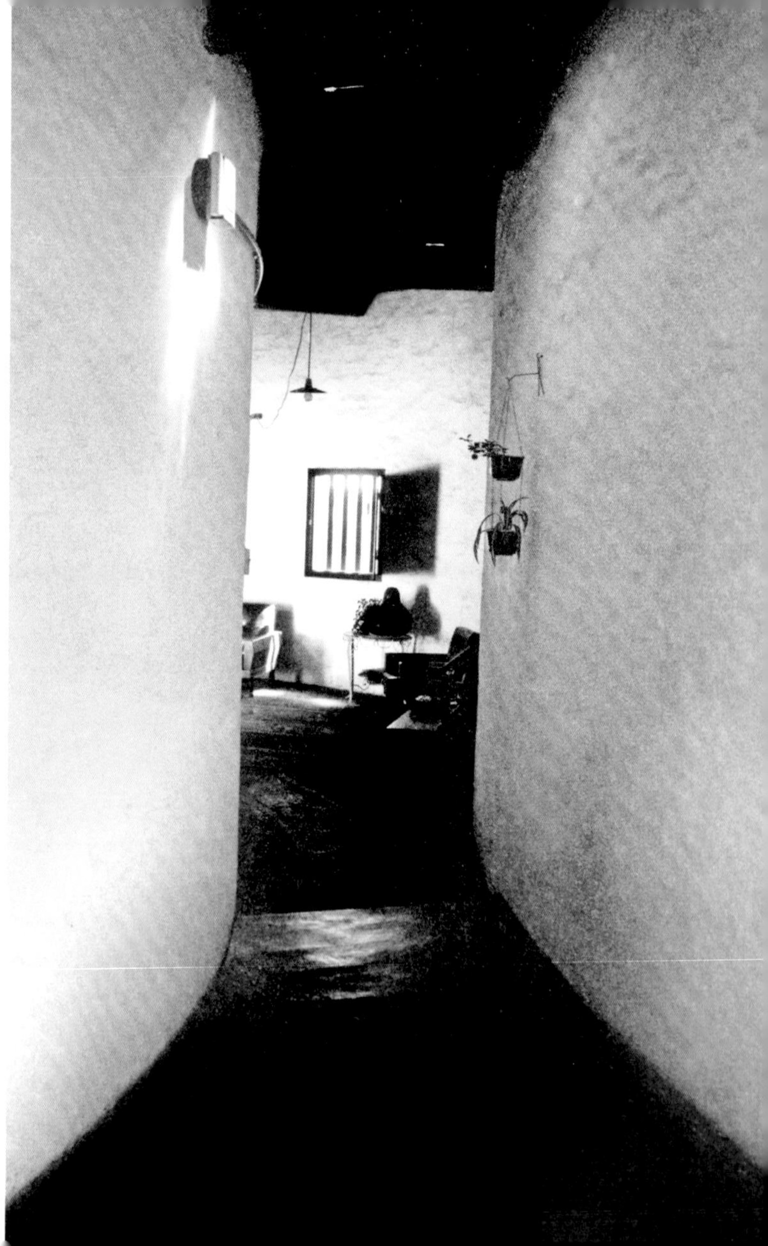

43

JANELAS DO CONVENTO
Desenhos sem escala
15/1/81 – Uberlândia

PLANTA
s/ escala

10 cm

PONTALETES DO LADO EXTERNO (6×6)
QUANTOS FOREM NECESSÁRIOS DEIXANDO APROXIMADAMENTE 10 cm ENTRE ELES

PAREDE

MONTANTE
DOBRADIÇA
FOLHA DA JANELA
TARUGO NA PAREDE
MONTANTE

MONTANTE CHUMBADO NA PAREDE
TRAMELA
TRAVESSA PARA TRAVAR AS TÁBUAS
TÁBUAS DE IPÊ

MONTANTE IPÊ
DOBRADIÇA
VISTA INTERNA
s/ escala

OBSERVAÇÕES: O VERDE É APENAS INDICATIVO. TODA A JANELA DEVE FICAR NA COR NATURAL DO IPÊ, APENAS COM VERNIZ NÁUTICO FOSCO PARA PROTEÇÃO.

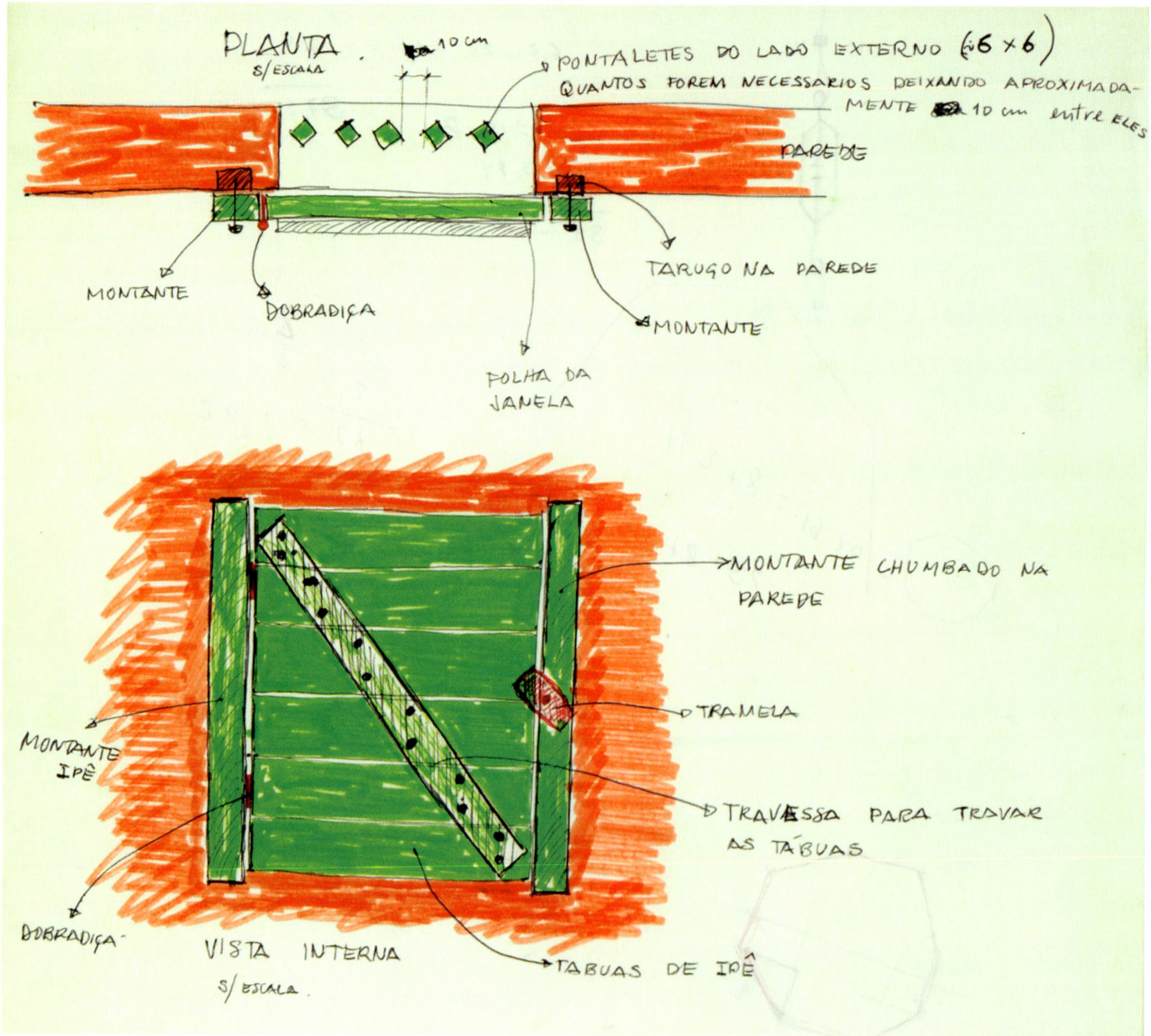

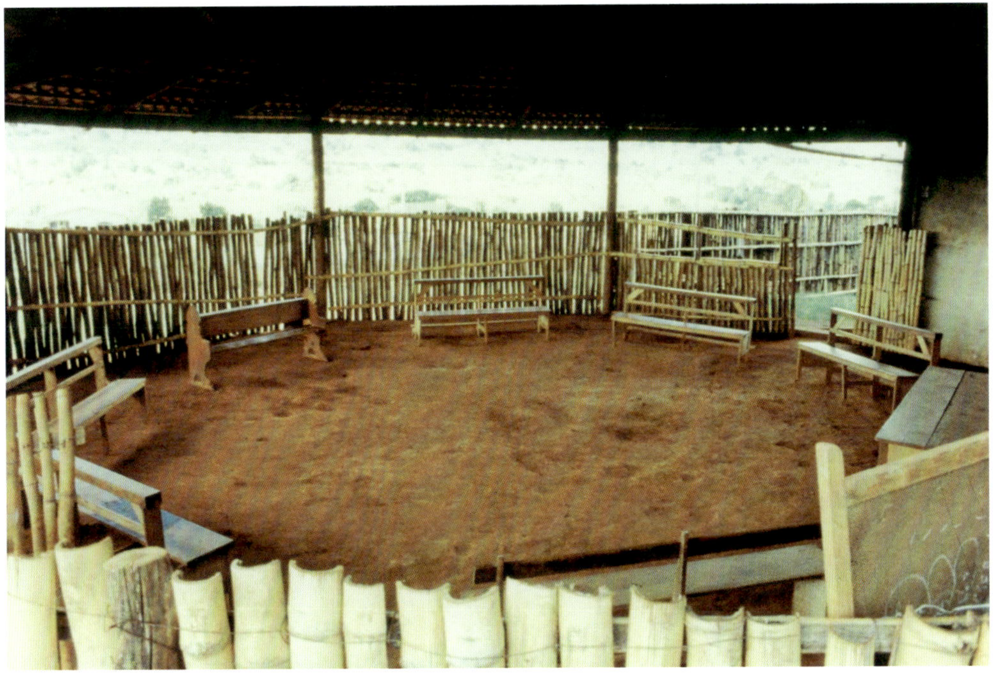

Projeto gráfico, edição e tratamento de imagem
Victor Nosek

Revisão
André Albert

Versão para o inglês
Peter Muds

Revisão do inglês
Julia Spatuzzi Felmanas, André Albert

Desenhos de miolo, capa, plantas e manuscritos
Acervo Instituto Lina Bo e P. M. Bardi
pp. 5, 6, 8 a 15, 20, 32 a 34, 36, 38, verso da capa e da quarta capa
Edmar de Almeida
p. 16
Marcelo Carvalho Ferraz
pp. 19, 44

Fotografias
Acervo Instituto Lina Bo e P. M. Bardi
pp. 3, (sem autoria) ; 4 a 7, 17, 18, 21 a 23, 25 a 31, 35, 37, 39, 40 a 47 (Marcelo Carvalho Ferraz)
Edmar de Almeida
pp. 16, 24

Foram realizados todos os esforços para obter a permissão dos detentores dos direitos autorais e/ou fotógrafos, e houve o cuidado de catalogar e conceder seus devidos créditos. Será uma satisfação corrigir quaisquer créditos nas tiragens futuras, caso recebamos mais informações.

Legendas
p. 5 Frei Egídio Parisi, bispo dom Estevão Avelar Brandão, frei Fúlvio Sabia, André Vainer e Lina Bo Bardi.
p. 7 Paulo Magno de Almeida Borges, Xavier Maureau, Teresa de Almeida, Edmar de Almeida, Lina Bo Bardi, frei Egídio Parisi, Aurora Pereira de Almeida e frei Guido O.F.M.
p. 16 Edmar de Almeida e Lina Bo Bardi, 1973.
p. 24 Marcelo Ferraz, Lina Bo Bardi, Edmar de Almeida e frei Fúlvio Sabia.
p. 25 Mestre de obras Alfredo.

Esta publicação faz parte das comemorações do centenário de nascimento de Lina Bo Bardi (1914-2014).

Dados Internacionais de Catalogação na Publicação (CIP)

B236s
Bardi, Lina Bo

Igreja Espírito Santo do Cerrado / Textos de Lina Bo Bardi e Edmar de Almeida; Organização de Marcelo Carvalho Ferraz. – São Paulo: Edições Sesc São Paulo, 2015. –
48 p. il.: fotografias e desenhos. Bilingue, português/inglês. – (Coleção Lina Bo Bardi).

ISBN 978-85-7995-185-5

1. Arquitetura. 2. Brasil. 3. Igreja Espírito Santo do Cerrado. 4. Bardi, Lina Bo. I. Título. II. Ferraz, Marcelo Carvalho. III. Vainer, André. IV. Coleção.

CDD 721

Ficha elaborada por Maria Delcina Feitosa CRB/8-6187

© Edições Sesc São Paulo, 2015.
© Marcelo Carvalho Ferraz, 2015.
Todos os direitos reservados.

1ª Edição, 1999, Editorial Blau.
2ª edição revista, ampliada e com novo projeto gráfico, 2015.

3ª reimpressão, 2025.
2ª reimpressão, 2022.
1ª reimpressão, 2019.

Fonte Helvetica Neue
Papel Couché fosco 150 g/m²
Impressão Margraf
Data Maio de 2025

MISTO
Papel | Apoiando o manejo florestal responsável
FSC® C015123

Edições Sesc São Paulo
Rua Serra da Bocaina, 570 – 11º andar
03174-000 – São Paulo SP Brasil
Tel.: 55 11 2607-9400
edicoes@sescsp.org.br
sescsp.org.br/edicoes
/edicoessescsp